만화 마르틴 루터
MARTIN LUTHER

아우구스티누스 수도회 복장은 당시 검은색이었으나
본서의 만화적 특징을 고려하여 갈색으로 조절하였음을 밝힙니다.

만화
마르틴 루터

 생명의말씀사 2018

2018년 3월 30일 1판 1쇄 발행

펴낸이 | 김재권
펴낸곳 | 생명의말씀사

등록 | 1962. 1. 10. No.300-1962-1
주소 | 서울시 종로구 경희궁1길 5-9(03176)
전화 | 02)738-6555(본사) · 02)3159-7979(영업)
팩스 | 02)739-3824(본사) · 080-022-8585(영업)

글 | 김홍만
그림 | 김태호

기획편집 | 유선영, 정설아
디자인 | 김혜진
인쇄 | 영진문원
제본 | 정문바인텍

ISBN 978-89-04-16622-0 (03230)

저작권자의 허락 없이 이 책의 일부 또는 전체를
무단 복제, 전재, 발췌하면 저작권법에 의해 처벌을 받습니다.

만화

MARTIN LUTHER

마르틴 루터

"오직 의인은 믿음으로 말미암아 살리라" (롬 1:17)

글 김홍만 | 그림 김태호

생명의말씀사

들어가는 글

　종교 개혁이란 주께서 부패한 교회를 정화하기 위해 말씀의 사역자들을 일으키시고, 그들로 하여금 진정한 복음을 전하게 하시는 것입니다. 거짓되고 잘못된 가르침을 개혁하시고, 더 나아가서는 진정한 교리를 회복하게 하시는 것입니다. 그리고 그 가운데 성령이 역사하셔서 하나님의 참된 백성을 일으키시는 것입니다. 마치 예수님이 공생애 가운데 성전을 방문하셔서 장사하는 이들을 내쫓으셨던 것과 같은 것이지요.

　교회사에서는 괄목할 만한 종교 개혁 혹은 교회 개혁이 여러 번 일어났습니다. 이러한 종교 개혁 가운데 규모가 가장 컸고, 전 유럽으로 확산된 것은 16세기 루터의 종교 개혁이라고 할 수 있습니다. 하나님은 천 년 동안 잘못된 교리들과 우상 의식에 찌들어 미신적인 중세의 로마 교회를 더는 볼 수 없으셨습니다. 그리하여 종교 개혁자를 준비하시고 그로 하여금 어둠에 갇힌 교회를 빛으로 나아오게 하셨습니다. 그 인물은 바로 루터입니다.

　하나님은 무거운 죄짐 가운데 있던 루터가 진정한 복음의 은혜를 깨닫도록 인도하셨습니다. 복음을 통해서 그 무거운 죄짐을 해결하는 원리를 직접 체험하게 하셨고, 참된 구원의 은혜를 경험하게 하셨습니다. 이렇게 성경적 구원의 은혜를 깨달은 루터는 종교 개혁을 목표로 개혁 운동을 일으킨 것이 아니라, 잘못된 가르침에 갇혀 그리스도를 보지 못하는 자들에게 성경적 구원의 원리를 가르치고자 했습니다. 이것은 이 시대로 말한다면 복음 전도라고 할 수 있습니다. 루터는 교회사에서 종교 개혁자이기보다는 탁월한 복음 사역자로 봐야 합니다.

루터는 성경적 구원의 원리를 깨달은 후, 교회에 속해 있지만 영적으로 무지한 사람들을 깨우치기 위해 최선을 다했습니다. 그리고 로마 교회의 잘못된 가르침과 거짓 영적 현상을 추구하는 비성경적 영성 운동을 개혁했습니다. 개혁 운동이 큰 반대에 부딪히고 그는 목숨의 위협을 받기도 했습니다. 하지만 그는 하나님의 특별한 은혜로 복음에 대해 담대한 열정을 가지고 반대와 핍박을 이겨 냈습니다.

루터는 복음적 열정만 가지고 있었던 것이 아닙니다. 그는 로마 신학자와 성경의 중요한 교리에 대해 논쟁을 하기도 했고, 교회의 경건함이 무너지지 않도록 잘못된 가르침에 대해 성경을 가지고 논박하기도 했습니다. 따라서 루터의 생애는 진리를 찾고, 진리에 대해 변호하며, 거짓된 가르침을 물리치는 삶이었다고 할 수 있습니다.

루터가 종교 개혁의 횃불을 들어 올린 지 500년이 지났습니다. 이 책을 통해 루터의 생애와 신학을 쉽게 이해하며 성경적 복음의 은혜를 발견하고, 그것을 전하고자 했던 루터의 열정을 경험하기를 바랍니다. 거짓된 가르침이 난무한 이 시대에 진정한 복음의 정수를 파악하고, 루터와 같은 열정적인 복음 전도자가 되기를 소망합니다.

한국청교도연구소 소장 김홍만 목사(Ph. D)
만화가 김태호

들어가는 글 • 4

1 루터의 출생과 성장 • 9
2 수도원 생활 • 21
3 비텐베르크대학 교수 생활 • 31
4 개혁의 날이 다가오다 • 40
5 루터와 멜란히톤 • 53
6 본격적인 종교 개혁 • 62
7 위협받는 루터 • 86

CONTENTS

8 바르트부르크성 도피 생활 • 108

9 비텐베르크로 돌아와 개혁 운동에 정진하다 • 117

10 루터와 뮌처 • 124

11 자유 의지 논쟁 • 134

12 루터의 결혼 • 143

13 요리 문답 출판 • 159

14 오류와의 전쟁 • 165

15 마지막 여행과 죽음 • 178

마르틴 루터 연대표 • 190

MARTIN LUTHER

"오직 의인은 믿음으로 말미암아 살리라"(롬 1:17)

1. 루터의 출생과 성장

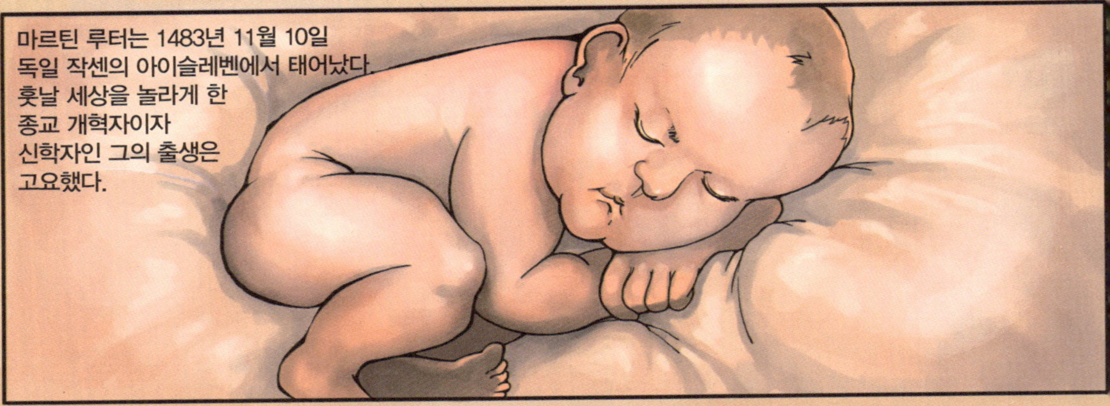

마르틴 루터는 1483년 11월 10일 독일 작센의 아이슬레벤에서 태어났다. 훗날 세상을 놀라게 한 종교 개혁자이자 신학자인 그의 출생은 고요했다.

루터의 아버지는 구리 제련업자로 상당한 재산을 모았고, 시의원이기도 했다.

그의 어머니는 부지런한 전형적인 독일 여인으로 루터를 엄격하게 가르쳤다.

루터가 자란 광산촌의 사람들은 독일의 옛 토속 종교의 일부 요소와 기독교적 미신이 뒤섞인 신앙을 가지고 있었다.

2. 수도원 생활

1505년 7월 17일, 루터는 아버지의
반대를 무릅쓰고 에르푸르트의
아우구스티누스 수도회에
들어가 수도사의 길을 걷기 시작했다.

사각   사각

매일 아침 미사를 드리고, 고해 성사도 했던 그는 하나님과 진정 화목하게 되기를 소원했다. 그러나 자신이 점점 더 죄를 짓고 있다는 것 때문에 괴로워했다.

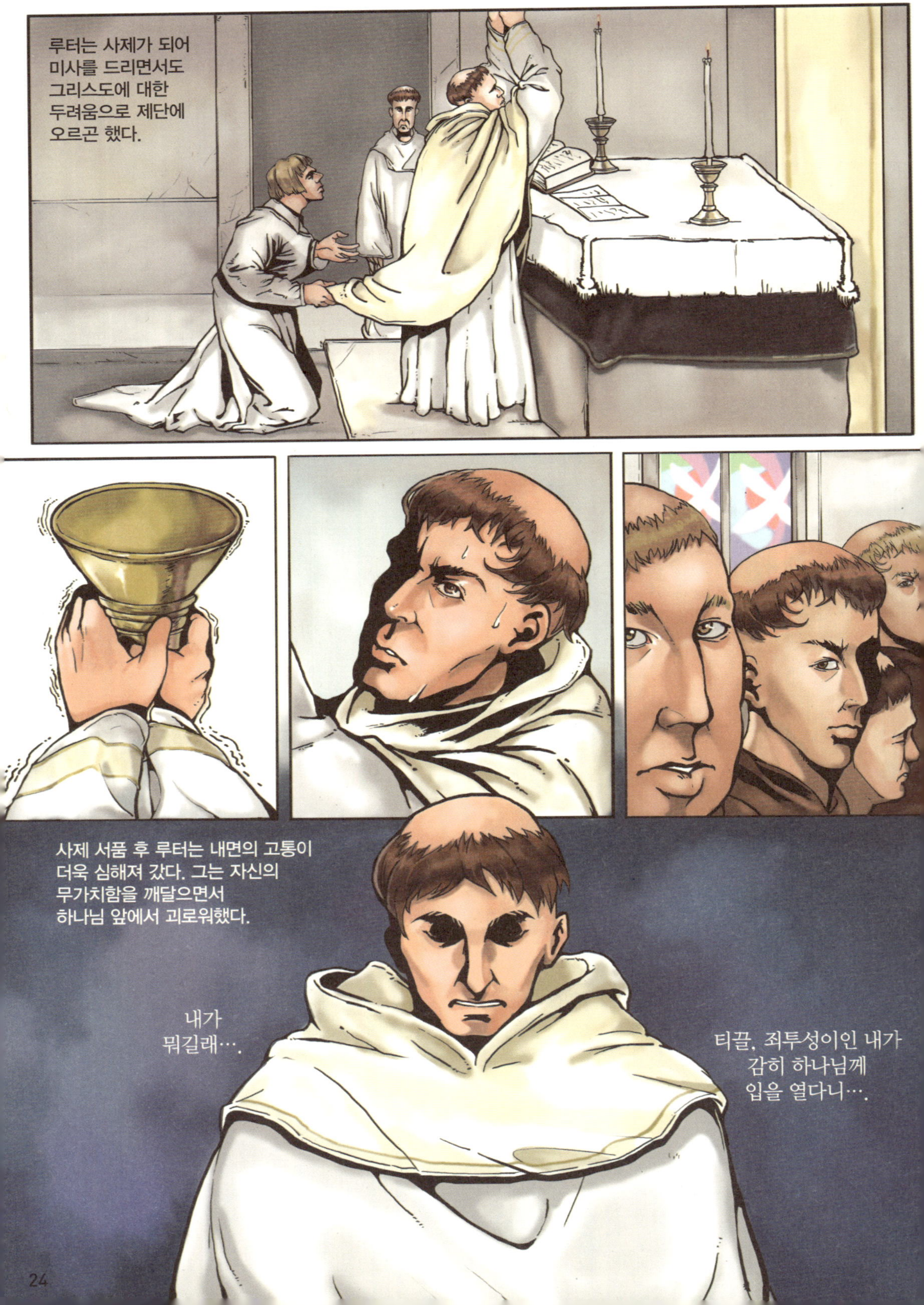

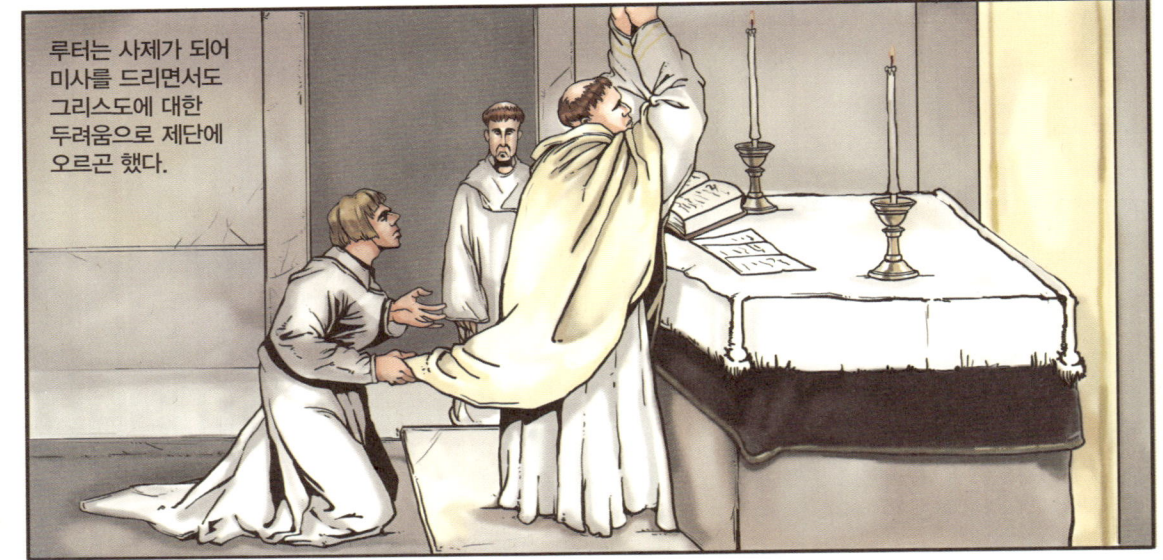

루터는 사제가 되어 미사를 드리면서도 그리스도에 대한 두려움으로 제단에 오르곤 했다.

사제 서품 후 루터는 내면의 고통이 더욱 심해져 갔다. 그는 자신의 무가치함을 깨달으면서 하나님 앞에서 괴로워했다.

내가 뭐길래….

티끌, 죄투성이인 내가 감히 하나님께 입을 열다니….

1510년에서 1511년 사이 루터는 로마에서 개최된 수도원 총회를 다녀왔다. 로마에서 돌아오자마자 그는 에르푸르트에서 비텐베르크로 전출되었다. 루터의 난제는 계속되었다. 그는 모든 선행에 최선을 다했지만, 자신의 행위로는 결코 자신을 구원할 수 없다는 것을 발견했다.

그때 수도원에서 만난 사람이 요한 폰 슈타우피츠였다.

"수도원 생활 중 고행이 자네의 죄짐을 벗겨 주는가?"

"그럴 걸세. 인간의 본성 자체가 타락해 있기 때문이네."

"아닙니다. 전혀 그렇지 못합니다. 오히려 마음의 고통이 더 깊어질 뿐입니다."

요한 폰 슈타우피츠
(Johann von Staupitz, 1468?-1524)
독일의 가톨릭 신학자. 비텐베르크대학의 신학부 초대 학장이자 성경 교수였으며, 아우구스티누스 수도회 총대리를 지냈다. 루터의 스승이자 적극적인 후원자로 면죄부 판매 반대에 함께했고, 그를 비텐베르크대학 성경 교수로 추천하기도 했다. 그러나 종교 개혁이 있고 루터의 동조자라는 의심을 받자 그와 관계를 끊었다.

"그렇다면 저는 매일 미사를 드리고, 고해 성사를 하는데, 그것 말고 다른 방법이 있습니까?"

1512년 10월, 루터는 스승의 기대대로 신학 박사 학위를 취득했다. 그러자 슈타우피츠는 자신이 맡고 있던 비텐베르크대학의 성경 교수 자리를 루터에게 물려주었다.

루터는 로마서를 연구할수록 복음의 주제가 죄에 대한 용서임을 확신하게 되었다.

그러면서 하나님의 약속인 하나님의 말씀을 더욱 신뢰하고 의존하게 되었다.

그는 은혜로 구원받은 신자는 날마다 자신의 죄를 직시하고 죄와 싸워야 하며, 그리스도 안에서는 정죄함이 없으므로 그리스도 안에 머물러야 한다는 것을 깨달았다.

9월의 논쟁 이후 로마 교회가 잘못하고 있는 것에 대해 공개적으로 논쟁할 기회를 찾던 루터는 10월 31일을 디데이로 잡았다. 11월 1일이 모든 성인을 기념하는 축일인 만성절(萬聖節)이라서 수많은 사람이 그 전날부터 모이기 때문이었다.

만성절에는 성인들의 유골과 유품이 전시되었다. 이날 이것들을 보고 헌금을 하는 사람들은 교황이 연옥 생활을 감해 주는 면죄를 받을 수 있었다.

1517년 10월 31일 비텐베르크의 성(城) 교회 앞

루터는 결의에 찬 모습으로 성 교회 대문에 95개조의 반박 논제를 게시했다.

탕 탕

그러나 일단 면죄부를 사면 마음의 평안을 누릴 수 있소.
사제들이 여러분의 죄의 가책을 이용하는 것입니다. 그들은 복음을 모릅니다.
신부님의 말은 로마 교황청의 가르침과 완전히 반대되는 것이지 않소?
진정으로 회개한 자는 죄에 대해 슬퍼하고, 죄를 짓지 않으려 애를 씁니다. 그러나 면죄부를 사는 것으로 이러한 효과가 나타나지 않습니다.

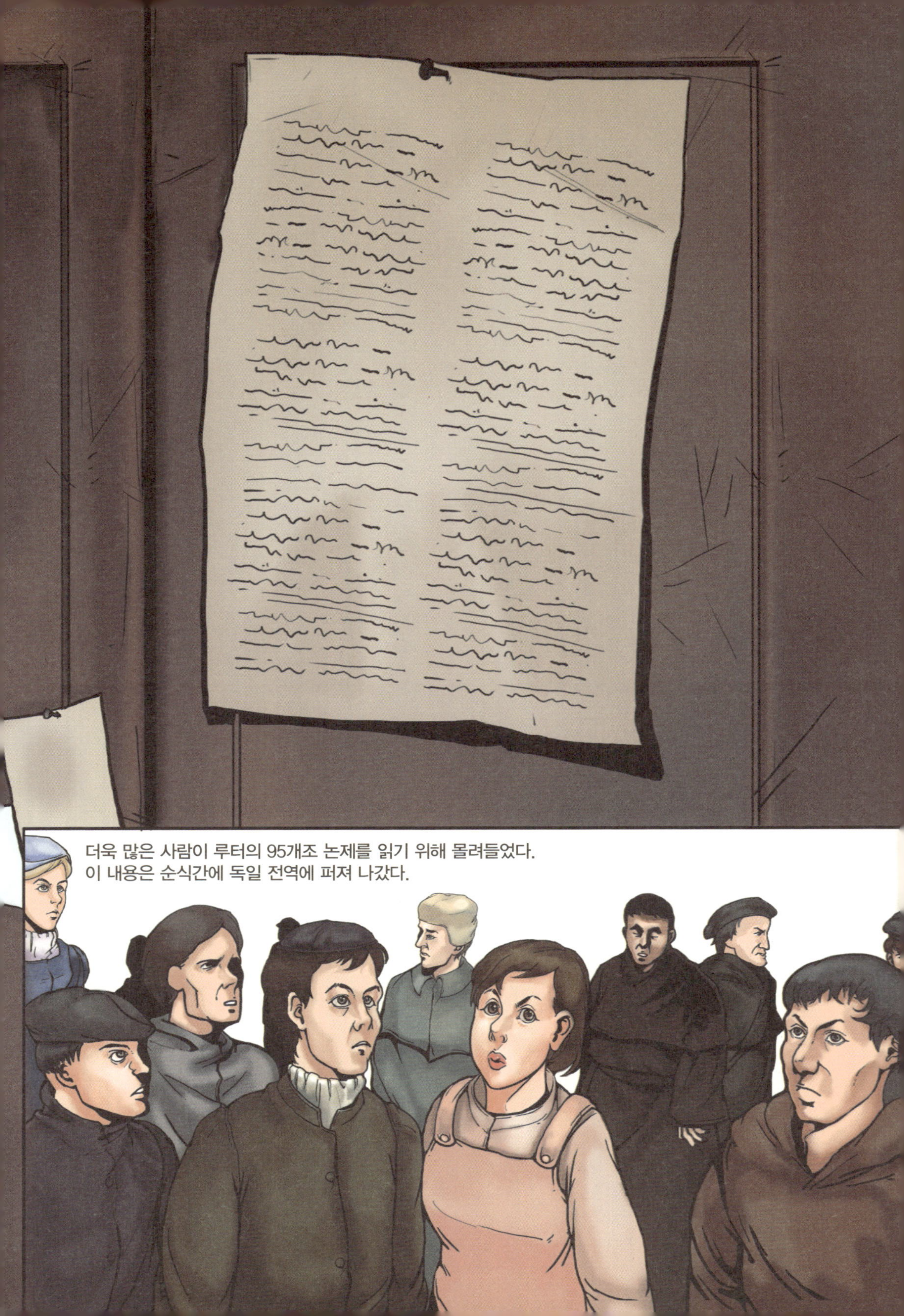

더욱 많은 사람이 루터의 95개조 논제를 읽기 위해 몰려들었다.
이 내용은 순식간에 독일 전역에 퍼져 나갔다.

5. 루터와 멜란히톤

1518년 8월 25일, 멜란히톤이 비텐베르크대학의 교수로 취임했다. 그는 이때 나이가 겨우 21세였으나 학문의 천재로서 이미 명성을 누리고 있었다.

멜란히톤 교수의 강연 화두는 "아드 폰테스"(Ad fontes), 라틴어로 '근원으로 돌아가자'는 뜻이었다.

인문학자에게는 고전(원전)으로 돌아가자는 뜻이기도 하지만, 신자에게는 진리의 근원 되신 하나님께로 돌아가자는 뜻인 것이다.

하나님께로 돌아갈 때 진리의 핵심으로 들어가게 되며, 인간은 비로소 인간다운 모습으로, 세상은 세상다운 모습으로 돌아간다는 것이다.

멜란히톤의 예리하면서도 열정적인 강연은 지난 백여 년의 황폐한 교육 현실을 지적하고 다시 근원으로 돌아가야 한다는 대학 교육 개혁에 대한 내용이었다.

강연 내내 엄청난 기립 박수와 환호가 터져 나왔다. 강연이 끝나자마자 학생들은 그에게로 몰려 "멜란히톤! 멜란히톤!" 하고 외쳤다. 강연을 마쳤을 때 루터는 이 젊은 교수의 신학적 매력에 흠뻑 빠지고 말았다. 그의 강연은 당시 비텐베르크에서 익어 가는 종교 개혁의 분위기와 꼭 맞아떨어졌으며 루터를 감동하게 하기에 충분했다.

이렇게 시작된 루터와 멜란히톤의 우정은 평생토록 이어졌다. 그들의 우정은 세상을 바꾸었고, 그들의 죽음 이후로도 계속하여 세상을 일깨우고 있다.

루터는 비텐베르크대학 교수 임용을 책임지고 있던 친구, 게오르크 슈팔라틴에게 보내는 서신에서 멜란히톤에 대해 다음과 같이 찬탄했다.

그의 외모는 더 이상 문제가 되지 않는다네.
우리가 그를 통해 얻을 수 있는 것에 놀랄 뿐이네.

그가 있다면 헬라어 교수는 더 필요 없다네.

해가 비추는 지상에서 그보다 더 많은 재능을 가진 자는 없을 것일세.
그는 마땅히 존경을 받아야 하네.
그를 무시하는 자는 하나님 앞에서 무시를 당할 것일세.

다만 부드럽고 세심한 성품을 가진 그가 염려되네.
어떻게 이 험한 비텐베르크의 분위기를 견딜 수 있을까 싶거든….

루터는 멜란히톤에게 헬라어를 배웠다.
멜란히톤은 루터를 통해 복음에 눈뜨게 되었다.

"자네한테 헬라어와 히브리어를 배워 성경 원전을 읽게 된 것이 얼마나 고마운지 아는가?"

"저는 박사님을 통해 복음을 깨닫게 되었습니다."

"자네는 이 시대 로마 교회의 최고 학자인 에크보다 훨씬 뛰어나네."

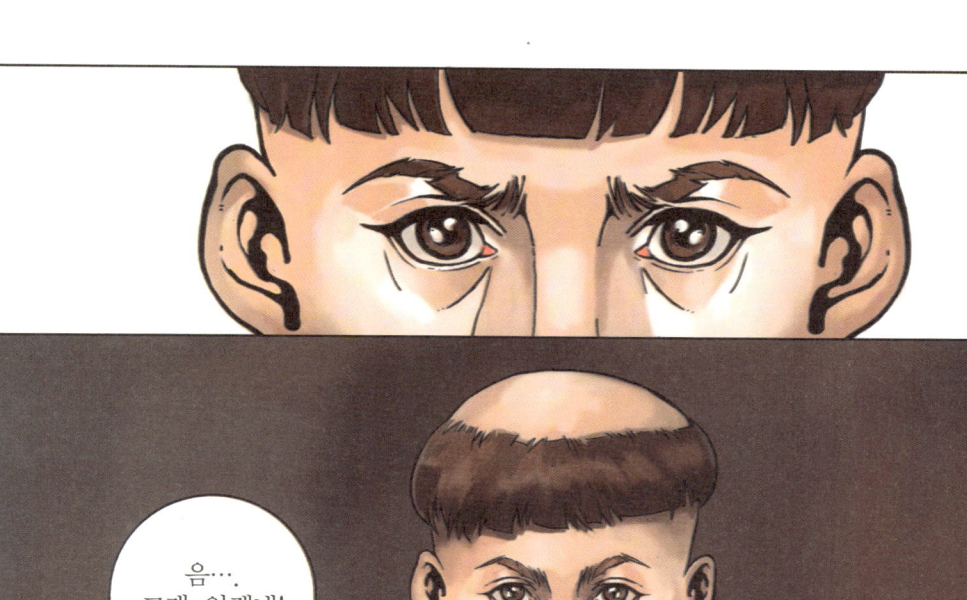

음…. 그래, 알겠네!

이렇게 하여 루터는 1521년 바르트부르크성에서 숨어 지낼 때 3개월 만에 신약 성경을 독일어로 모두 번역했다. 이후 멜란히톤이 6개월에 걸쳐 교정을 보았고, 1522년 9월에 출판되었다. 이 성경은 9월에 출판되었다고 하여 일명 『9월 성경』이라고도 불린다.

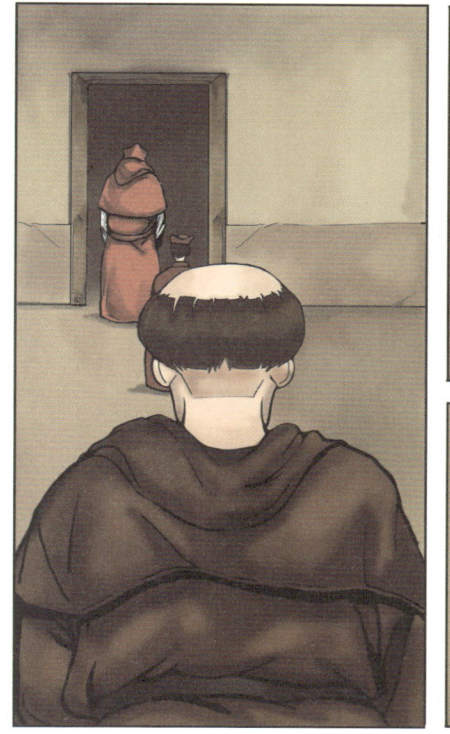

1519년 로마 교회는 신학자인 요한 에크를 라이프치히로 보내 루터와 논쟁하게 했다. 이때 루터를 지원하는 동료 교수 카를슈타트가 함께 논쟁에 참여했다. 회의장은 로마 교회 사람들과 루터를 지지하는 사람들로 가득 차 있었다.

적

18일간에 걸쳐서 계속된 이 논쟁은 소논문을 발표하는 것으로 계속되었다. 에크는 루터가, 이단자로 단죄되어 처형된 후스와 같이 되었다고 교황에게 보고했다.

7. 위협받는 루터

이 교서는 인쇄되어 로마에서부터 시작하여 마을마다 널리 공포되었다. 나보나 광장에서는 루터의 책을 불살랐다. 전임 파리대학장이자 인문주의자인 알레안드로와 에크는 여러 지역을 돌아다니며 이 교서를 발표하는 임무를 맡게 되었다.

이 교서는 학생들에 의해 강에 띄워 버려지거나 갈기갈기 찢기고 짓밟혔다.
청중들은 루터에게 호감을 갖고 있었기 때문에 교서가 다 발표되기도 전에 그 자리를 떠났다.

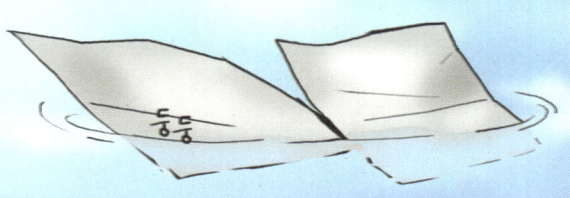

1520년 10월 10일 교황의 교서가 루터에게 도착했다.
이 교서를 받고 루터는 『적그리스도의 저주스러운 교서 반박』이라는 책자를 출간했다.
교서를 쓴 자는 적그리스도이며 그리스도에 대한 신성 모독으로 저주한다는 내용이었다.

루터와 멜란히톤, 비텐베르크대학의 교수들과 학생들은 1520년 12월 10일 엘스터 문 앞에 모여 교황 측의 위협에 대한 대응으로 교황의 교서와 교령집들을 불태웠다. 이날은 루터가 교서를 받은 10월 10일로부터 교황청에서 정한 60일의 유예 기간이 만료되는 날이었다. 1521년 1월 3일, 교황은 결국 파문 교서를 발표하여 루터를 파문했다.

신성 로마 제국 황제 카를 5세의 접견실

이게 무슨 말도 안 되는….

프리드리히 3세(Friedrich III, 1463–1525)

독일의 작센 선거후. 별칭 '현인(賢人) 프리드리히'. 황제 카를 5세 치하에서의 독일의 실력자로, 1502년에 비텐베르크대학을 창설했다. 루터를 보호하여 1521년 보름스 의회에 출석하게 했고, 그가 파문되자 바르트부르크성에 숨겨 주었다. 교양이 풍부하고, 음악과 역사에 관심이 많았으며, 비텐베르크를 예술 활동의 중심지가 되게 했다.

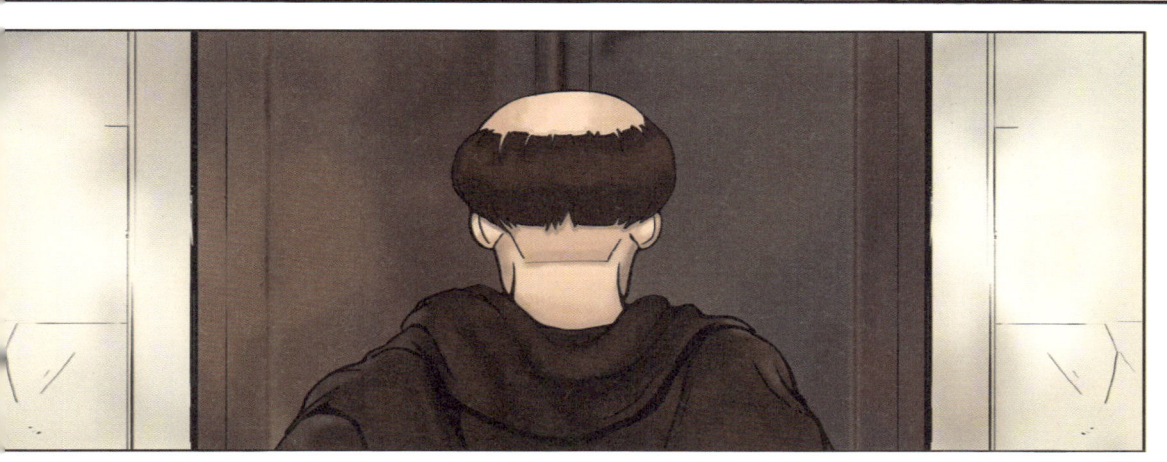

저벅
저벅

루터가 교황청으로부터 파문당하자, 작센의 선거후인 프리드리히는 루터가 신학자들 앞에서 공정한 심문을 받아야 한다고 주장했다. 그리하여 루터는 보름스에서 열린 독일 국가 의회에 소환되어 1521년 4월 황제 앞에서 심문을 받았다. 루터 앞에는 그가 쓴 책들이 쌓여 있었다.

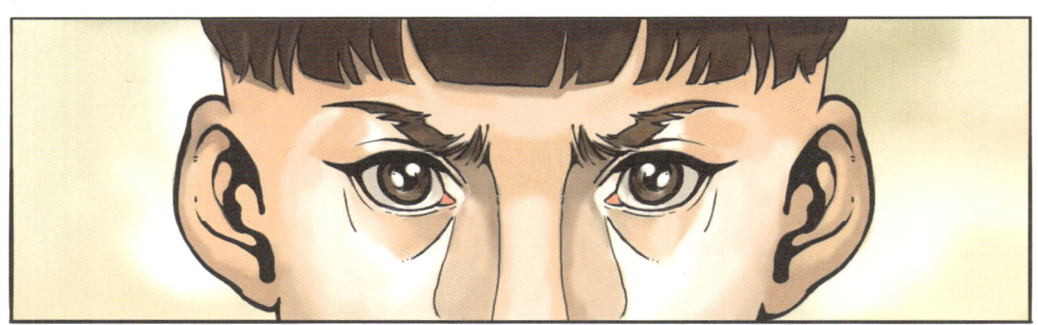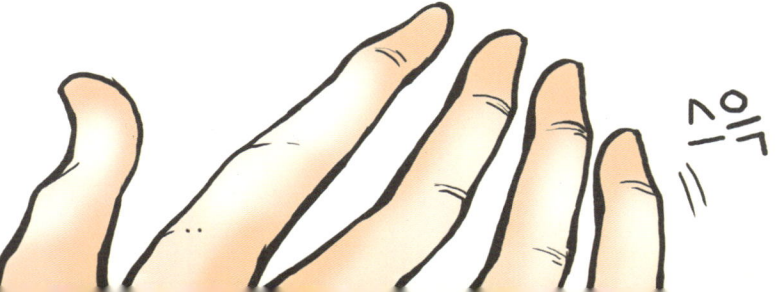

루터! 루터! 루터! 루터! 와!! 와!! 와!! 루터!

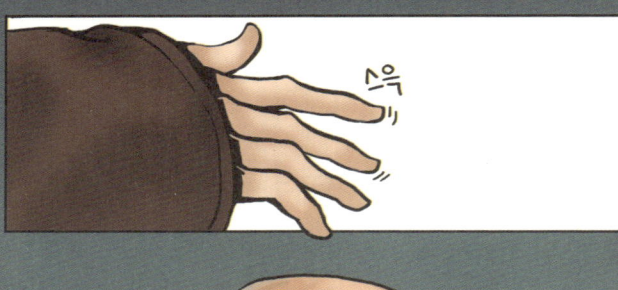

보름스 의회가 끝난 후 프리드리히는 로마 교황청이 루터를 죽이려는 것을 알고 납치로 위장해 그를 아이제나흐의 바르트부르크성으로 도피시켰다.

8. 바르트부르크성 도피 생활

1521년 5월 4일, 루터는 바르트부르크성에 도착했다. 이 성은 산꼭대기에 자리 잡고 있었다. 산세가 험하여 외부의 침입을 방어하기 좋은 위치였다.

루터는 바르트부르크성에서 도피 생활을 하는 동안 저술 작업에 주력했다.

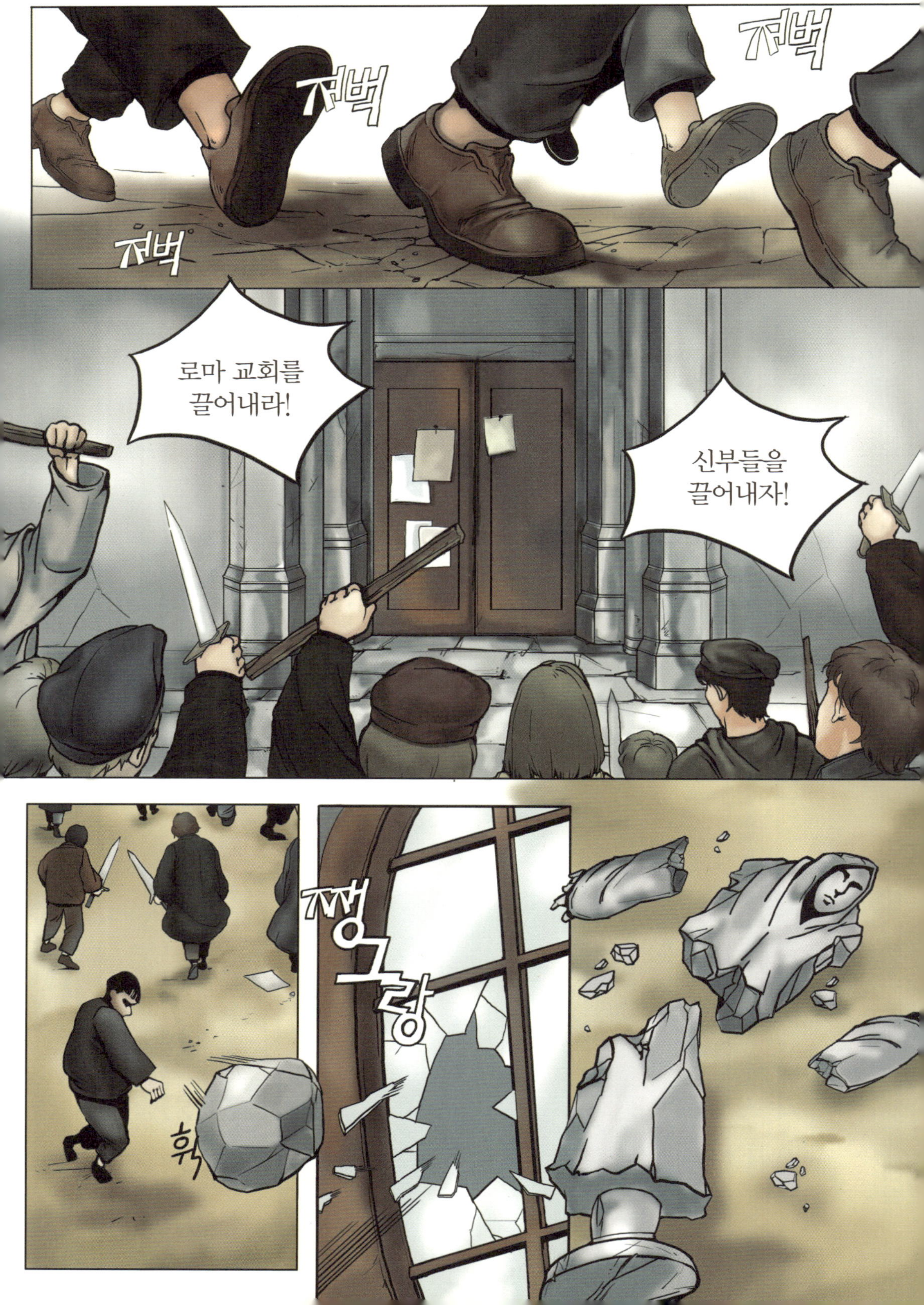
저벅
저벅
저벅
로마 교회를 끌어내라!
신부들을 끌어내자!
휙
쨍그랑

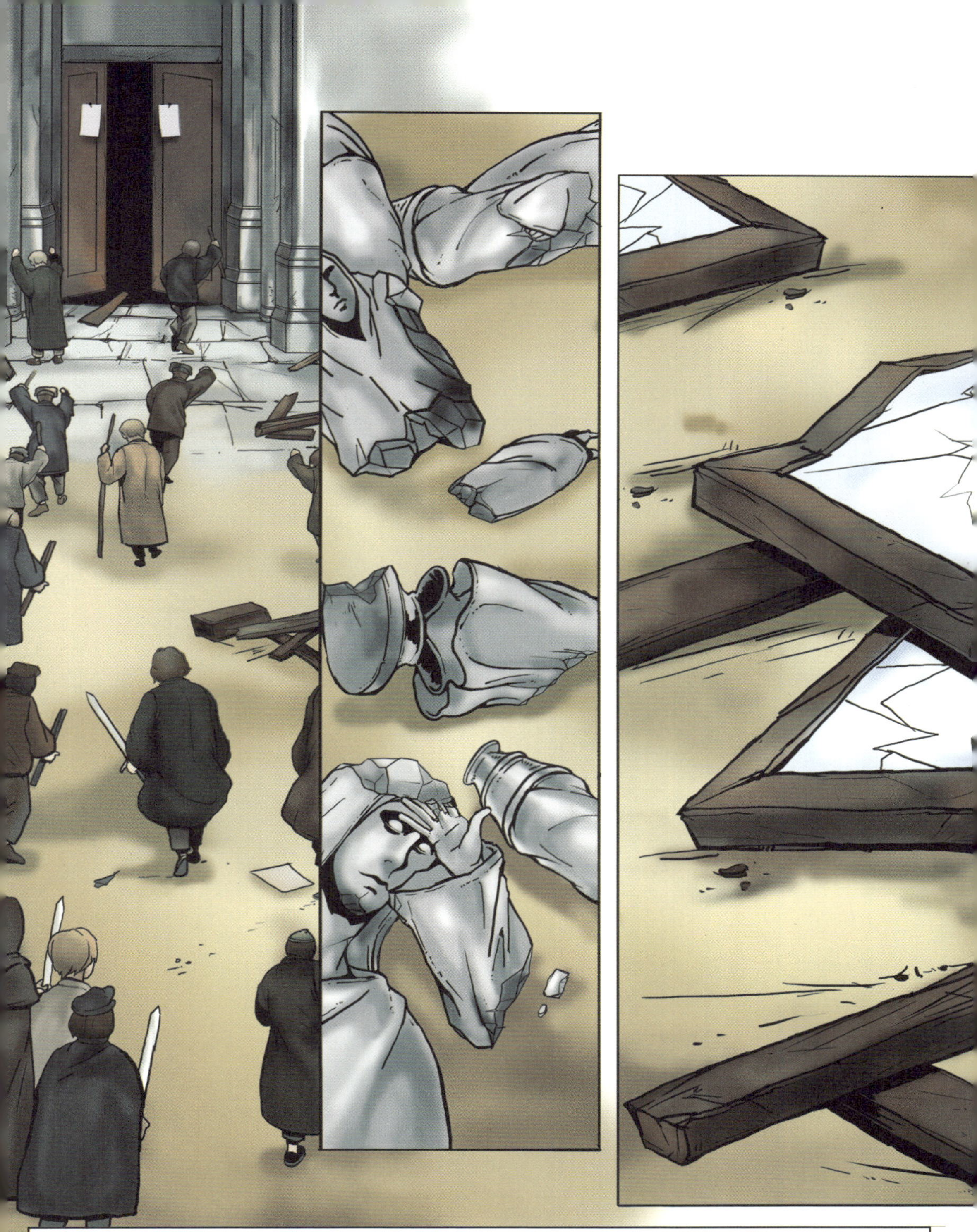

루터가 비텐베르크에 도착하기 전날 난동이 벌어졌었다. 학생들과 시민들이 망토 밑에 칼을 숨긴 채 교회를 습격하여 신부들을 끌어냈고, 성모 마리아에게 예배드리던 자들에게 돌을 던졌다. 제단에서 미사 경본을 내던지고 성상을 부수는 소요까지 일어났다.

9. 비텐베르크로 돌아와 개혁 운동에 정진하다

루터는 바르트부르크성에서 10개월가량 은거했다. 비텐베르크에서의 소요 사태가 확산되자 그의 갈등은 깊어져만 갔다. 그는 이 폭동을 멈추고 신뢰와 질서를 회복해야 한다고 생각했다. 그리하여 선거후에게 비텐베르크로 돌아가려는 자신의 의도를 편지로 정중히 전했다.

루터는 교회와 강의실에서 지금까지 개혁이 진행되어 오면서 나타난 성과를 더욱 강화하고, 과격한 행동은 자제하길 요청하면서 잘못된 개혁 방식을 비판했다.

1522년 3월, 그는 다시 비텐베르크로 돌아와 종교 개혁 활동을 계속할 수 있었다.

아직도 비텐베르크에서는 면죄를 외치고 있었다. 이를 본 루터는 그곳 선거후에게 면죄를 중단하라는 요청을 보냈다.

이미 면죄는 사람들의 관심에서 멀어져 있었다. 만성절에 면죄를 선포하던 설교자마저도 그것을 쓰레기 정도로 광고했으며 사람들은 유물을 보고 야유를 보내기까지 했다.

루터의 활동으로 10년이 채 못 되어 독일 북부 지역 대부분이 개혁의 편에 섰다. 이를 가능하게 한 것은 소책자와 풍자화였다.

이번 루터 박사님의 신간을 읽어 보셨소?

또 신간이 나왔군요. 저는 요즘 풍자화가 재미있던데요.

1521년부터 1524년까지 4년 동안 독일에서 발행된 소책자의 수는 현재까지 독일 역사의 그 어느 4년 동안보다 많다. 이때 발행된 소책자들은 주로 로마 가톨릭의 외적 폐단을 풍자하는 내용이었다.

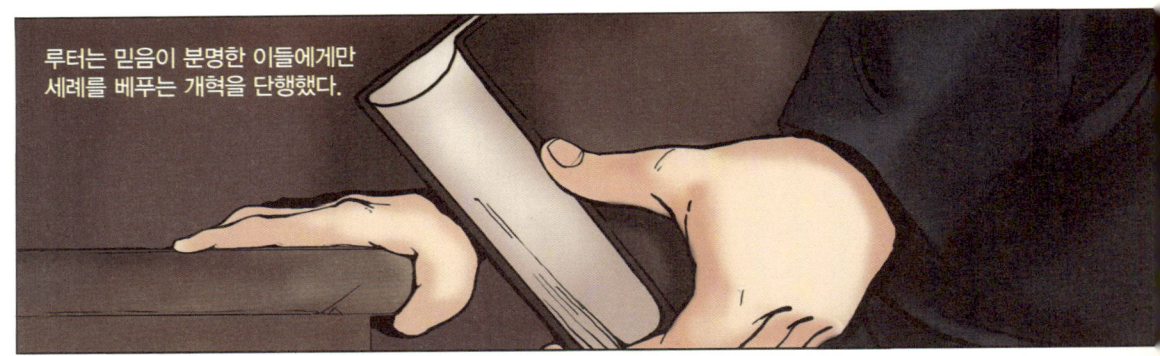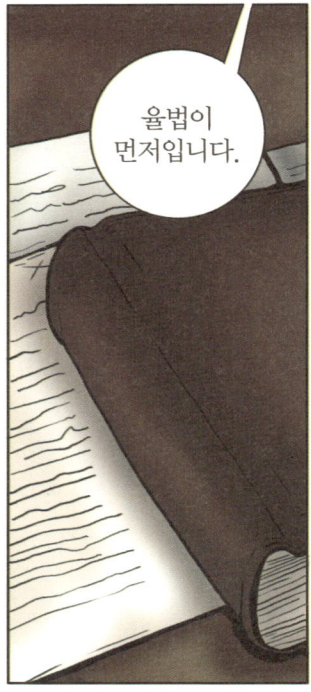

율법으로는 오히려 죄를 깨닫게 됩니다. 율법을 지키려고 애를 쓰지만, 율법을 지키는 것을 통해서는 구원을 받을 수 없음을 인정하게 됩니다.

그래서 어떤 생각을 했습니까?

율법의 행위로는 절대 자기 자신을 구원할 수 없다는 것을 깨닫게 되었습니다. 구원은 반드시 은혜가 임해야만 받을 수 있다는 것을 알게 되었지요.

주여, 은혜를 주옵소서.

루터는 많은 찬송을 작사, 작곡했는데, 그의 찬송은 철저히 그리스도 중심이었다. 찬송을 통해 그리스도의 구속 사역을 전하고자 했던 그는 다음 세대를 교육하는 데 찬송이 중요한 수단이 된다고 판단했다.

뮌처가 이러한 주장을 하게 된 것은 1520년 츠비카우에서 설교자로 있으면서 빈부 격차로 인한 사회적 갈등을 보게 되면서부터였다. 뮌처는 사회적 약자 계층의 편에 서 있었다. 그는 부유한 시민들과 우호적인 관계를 유지하며 그들의 입장을 대변한 한 설교자를 신랄하게 비판하며 대립했다.

둘의 반목과 갈등은 도시가 양분되는 결과를 가져왔고, 폭동의 조짐까지 나타나기 시작했다. 결국 뮌처는 과격한 주장으로 인해 1521년 4월 시의회로부터 해임당했다.

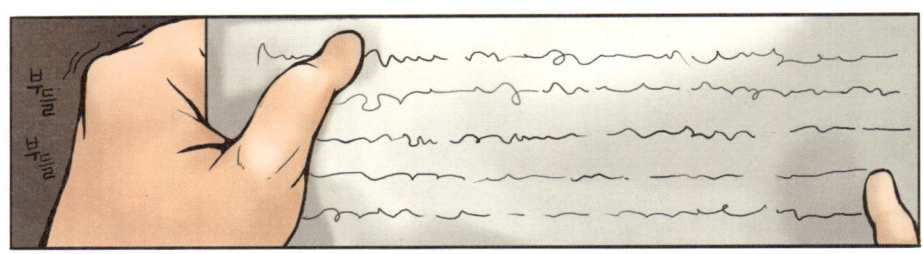

결국 추방을 당한 뮌처는 츠비카우를 떠나 보헤미아의 프라하로 피신했다.

11. 자유 의지 논쟁

회심이라…. 저는 루터 박사가 너무 외골수인 것이 안타깝습니다.

아닙니다. 저는 인간이 스스로 악한 길에서 돌이킬 능력이 없다는 성경의 진리에 충실한 것뿐입니다.

루터 박사의 의견대로라면, 인간은 아무것도 안 해도 구원받는다는 것인데, 저는 거기에 동의할 수 없습니다.

제 말을 그렇게 왜곡하지 마십시오.

구원에 있어서 하나님의 은혜가 전적으로 필요하다는 것을 성경적으로 말씀드린 것뿐입니다.

12. 루터의 결혼

루터는 이들의 결혼을 적극적으로 추천했고, 8명의 수녀가 결혼했다.

단 한 명이 남았는데, 결혼이 잘 성사되지 않았다. 그녀의 이름은 카타리나 폰 보라였다.

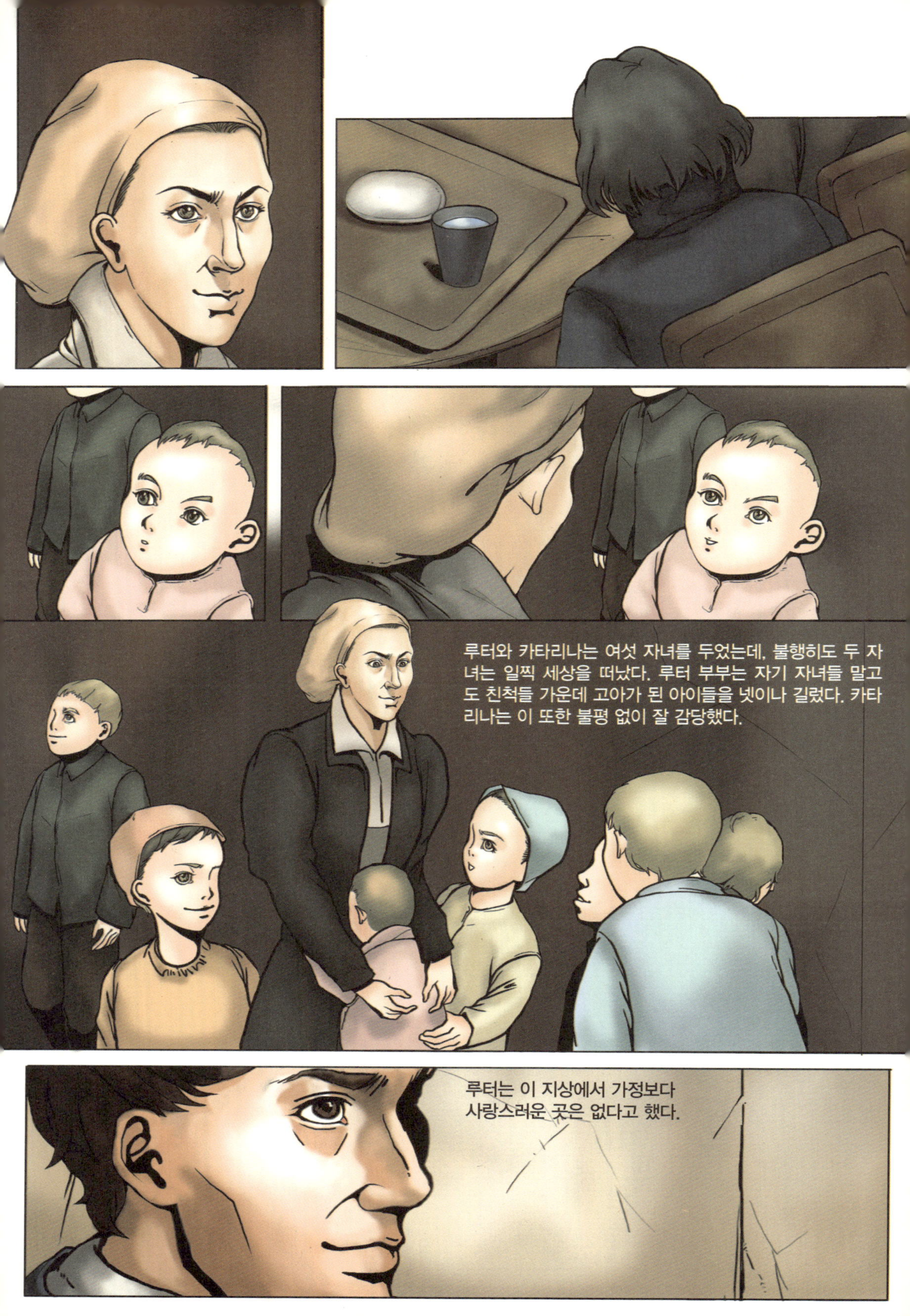

루터와 카타리나는 여섯 자녀를 두었는데, 불행히도 두 자녀는 일찍 세상을 떠났다. 루터 부부는 자기 자녀들 말고도 친척들 가운데 고아가 된 아이들을 넷이나 길렀다. 카타리나는 이 또한 불평 없이 잘 감당했다.

루터는 이 지상에서 가정보다 사랑스러운 곳은 없다고 했다.

루터의 요리 문답은 기독교 신앙의 도리를 직설적으로 진술하고 있으며, 모든 그리스도인이 알아야 하는 교리가 집약되어 있다. 목회자들과 교사들이 그 뜻을 상세히 풀어 설명할 수 있도록 문답 형식으로 되어 있으며, 성도들은 십계명과 사도신경, 주기도문을 외우게 되어 있다.

루터의 대요리 문답과 소요리 문답은 이후 칼빈에게 결정적 영향을 미쳤다. 칼빈의 『기독교강요』의 구조는 루터로부터 영향을 받은 것으로 본다.

존 칼빈(John Calvin, 1509-1564)
프랑스의 종교 개혁자이자 신학자. 루터의 뒤를 이어 타락한 로마 가톨릭교회에 항거했으며, 루터의 요리 문답의 구성 형식을 따른 『기독교강요』를 출간했다. 스위스 제네바에서 종교 개혁을 단행하며 개혁주의 신학의 수립 및 발전에 큰 영향을 주었다.

14. 오류와의 전쟁

아닙니다. 그렇지 않습니다.

주께서 우리를 구원하신 것은 주님의 형상을 닮게 하기 위한 것입니다.

그래서 구원의 은혜가 있는 신자는 도덕법을 지켜야 합니다. 구원에 대해 감사하기 위해서라도 도덕법을 지켜야 하는 것입니다.

꾹

전 그렇게 생각하지 않습니다.

이 논쟁으로 루터와 아그리콜라는 완전히 결별했다. 아그리콜라의 이러한 주장은 도덕률 폐기론으로 청교도 시대에 이르러 이단으로 정죄 되었다.

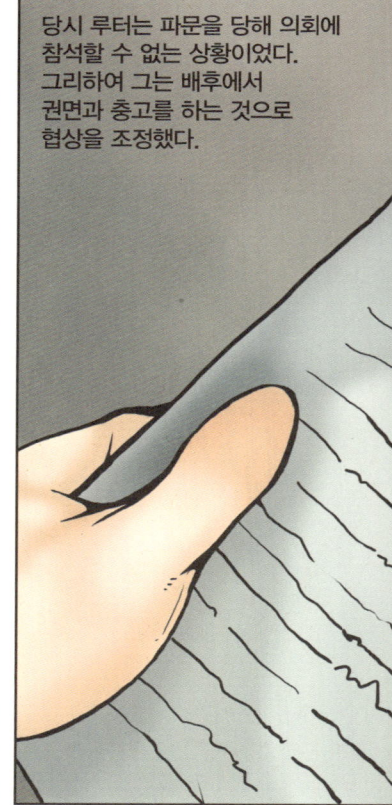

당시 루터는 파문을 당해 의회에 참석할 수 없는 상황이었다. 그리하여 그는 배후에서 권면과 충고를 하는 것으로 협상을 조정했다.

1529년에 열린 슈파이어 제2회 의회에서 다수파를 점령하고 있던 가톨릭파가 루터파의 지역 교회를 폐지하는 법안을 가결했다. 이에 대해 복음주의자들은 항의했는데, 여기서 항의자, 곧 '프로테스탄트' (protestant)라는 이름이 생겼다. 1530년 6월, 황제 카를 5세는 가톨릭파와 루터파의 화해를 위해 아우크스부르크에서 제국 의회를 소집했다.

그럼 준비해 온 것들을 제출해 주십시오.

멜란히톤은 이때 신앙 고백을 작성하여 제출했는데, 이것이 바로 『아우크스부르크 신앙 고백』이다. 독일의 프로테스탄트 교도가 황제 카를 5세 앞에서 이 신앙 고백서를 낭독했다. 로마 가톨릭 측에서도 루터와 논쟁을 했던 요한 에크를 필두로 하여 반박문을 제출했다.

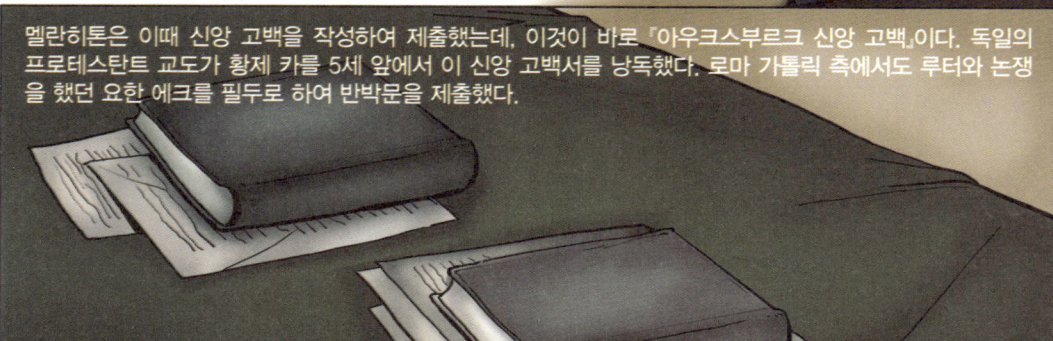

결국, 제국 의회는 로마 가톨릭 측에서 제출한 『아우크스부르크 신앙 고백』에 대한 반박문을 교회의 공식적인 대변서로 받아들이고, 프로테스탄트에 대해서는 1521년 보름스 의회에서의 결정, 즉 루터와 그 추종자들을 이단으로 정죄했던 것을 재확인하는 것으로 신교, 구교 간의 문제를 종결지었다.

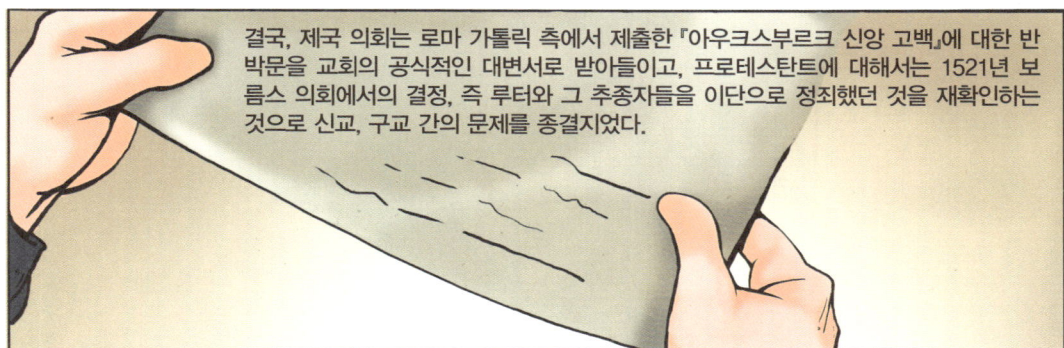

타협이 결렬되자 루터는 변증서를 출판했다. 신앙 고백서를 제출할 때만 해도 로마 가톨릭과의 타협을 바라며 고백서 말미에 이 점을 밝혔으나, 변증서에서는 현실을 시인하며 입장을 더욱 분명히 밝혔다.

루터는 로마 진영의 화해파 지도자, 곧 그의 옛 원수이자 친구인 마인츠의 대주교 알브레히트에게 조정을 호소했다. 믿음의 만장일치를 전혀 바랄 수 없는 만큼, 평화를 지키도록 노력해 주길 간청한 것이다. 루터의 권고는 받아들여졌다. 『아우크스부르크 신앙 고백』은 프로테스탄티즘을 강화하고 가톨릭에 맞서는 데 매우 중요한 자리를 차지하게 되었다.

15. 마지막 여행과 죽음

여기 약을 가져왔어요. 드시고 하세요.

루터는 평생을 병으로 고생했다. 말년에는 두통과 소변 장애를 겪었다. 하지만 그는 개혁 초기와 같이 설교, 강의, 상담, 저작을 계속했고, 설교와 성경 주석은 절정의 수준에 이르렀다.

음, 아무래도 아이슬레벤에 한번 다녀와야겠소.

비텐베르크에 살던 루터는 아내의 우려에도 불구하고 아이슬레벤으로 떠났다.

그곳에서도 루터는 설교, 저작 등의 일을 쉬지 않았다.

하지만 그에게도 마지막은 찾아왔다. 만스펠트의 백작들이 영지 분쟁의 조정자 노릇을 해달라고 요청해서 갔다가 병세가 악화하고 만 것이다.

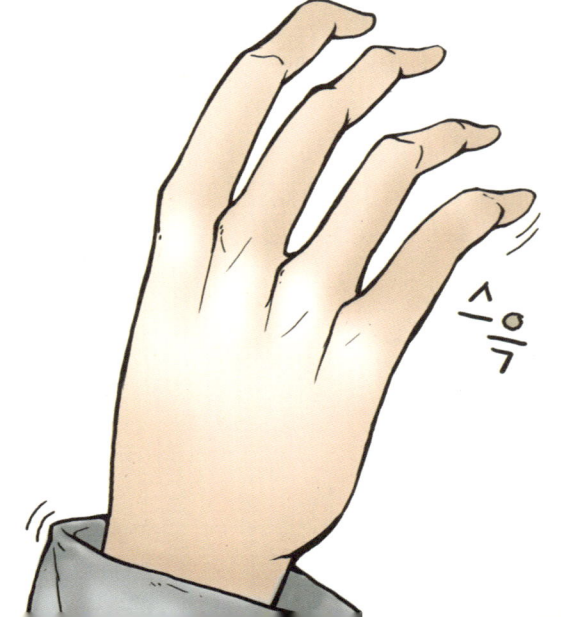

네!

스르륵

멜란히톤은 추모사를 통해 루터를 애도했다.

그는 죽었습니다. 그러나 그는 살아 있습니다.

그는 구약 시대부터 교부들로 이어지는 자랑스러운 스승과 예언자 반열에 드는 위대한 인물이었습니다.

루터는 사망했지만 그를 따르는 신앙의 열기는 아우크스부르크를 중심으로 북독일 전역과 덴마크, 스웨덴, 노르웨이 등으로 퍼져 나갔다. 그의 가르침과 정신은 영원히 꺼지지 않는 등불이 되어 어두운 세상을 밝혀 주고 있다. 루터의 무덤은 비텐베르크 성 교회 설교단 아래 마련되었다.

마르틴 루터 연대표

1483년 11월 10일	마르틴 루터, 독일 작센의 아이슬레벤에서 출생
1501년 5월	에르푸르트대학 입학 허가받음
1505년 7월 2일	뇌우를 만나 수도사가 되기로 서원함
7월 17일	에르푸르트의 아우구스티누스 수도회에 들어감
1507년 4월 3일	사제 서품을 받음
5월 2일	첫 미사 집례
1510년 11월	로마 여행
1511년 4월	에르푸르트로 돌아옴
	비텐베르크로 전출됨
1512년 10월 19일	비텐베르크대학에서 신학 박사 학위 취득
1513년 8월	비텐베르크대학에서 시편 강의 시작
1515년 4월	로마서 강의 시작
1516년 10월 27일	갈라디아서 강의 시작
1517년 10월 31일	95개조의 반박 논제 벽보 게시
1518년 8월 25일	멜란히톤, 비텐베르크대학에 부임
9월 26일	루터, 아우크스부르크로 출발
10월 12-14일	추기경 카예타누스와 면담
10월 30일	비텐베르크로 돌아옴
1519년 7월 4-14일	루터와 에크, 라이프치히 논쟁 벌임
1520년 6월 15일	파문 경고 교서 『엑수르게 도미네』 발표
8월	『독일 기독교 귀족에게 고함』 출간
10월 6일	『교회의 바벨론 유수』 출간
10월 10일	루터, 교황의 교서 접수
11월	『적그리스도의 저주스러운 교서 반박』 출간
11월	『그리스도인의 자유』 출간
12월 10일	루터, 교황의 교서 불사름

1521년	1월 3일	루터, 교황으로부터 파문당함
	1월 27일	보름스 의회 개최
	4월 16일	루터, 보름스에 도착
	4월 17일	보름스 의회에서 첫 번째 청문회 개최
	4월 18일	두 번째 청문회 개최
	4월 26일	루터, 보름스를 떠남
	5월 4일	루터, 바르트부르크성에 도착
	5월 26일	보름스 칙령 발표
	12월 3-4일	비텐베르크에서 학생들과 시민들의 난동 발생
		루터, 비텐베르크에 잠행했다가 바르트부르크성으로 돌아감
	12월	신약 성경 독일어 번역 시작
1522년	3월	루터, 비텐베르크로 돌아옴
	9월	루터의 독일어 신약 성경 출간
1524년		찬송가 출간
	9월	에라스무스, 『자유 의지에 관하여』 출간
1525년	5월 15일	프랑켄하우젠 전투
		뮌처 붙잡힘
	6월 13일	루터, 카타리나 폰 보라와 결혼
	12월	『노예 의지에 관하여』 출간
1529년	4월 19일	복음주의자들, 제2회 슈파이어 의회 칙령에 대해 항의
		독일어 요리 문답 출간
1530년	6월 25일	『아우크스부르크 신앙 고백』 제출
1534년		완역 독일어 성경 출간
1546년	2월 18일	루터, 아이슬레벤에서 사망

사명선언문

너희가 흠이 없고 순전하여……세상에서 그들 가운데 빛들로
나타내며 생명의 말씀을 밝혀 _ 빌 2:15-16

1. 생명을 담겠습니다
만드는 책에 주님 주신 생명을 담겠습니다.
그 책으로 복음을 선포하겠습니다.

2. 말씀을 밝히겠습니다
생명의 근본은 말씀입니다.
말씀을 밝혀 성도와 교회의 성장을 돕겠습니다.

3. 빛이 되겠습니다
시대와 영혼의 어두움을 밝혀 주님 앞으로 이끄는
빛이 되는 책을 만들겠습니다.

4. 순전히 행하겠습니다
책을 만들고 전하는 일과 경영하는 일에 부끄러움이 없는
정직함으로 행하겠습니다.

5. 끝까지 전파하겠습니다
모든 사람에게, 땅 끝까지, 주님 오시는 그날까지
복음을 전하는 사명을 다하겠습니다.

서점 안내

광화문점	서울시 종로구 새문안로 69 구세군회관 1층 02)737-2288(T) 02)737-4623(F)
강남점	서울시 서초구 신반포로 177 반포쇼핑타운 3동 2층 02)595-1211(T) 02)595-3549(F)
구로점	서울시 구로구 시흥대로 577 3층 02)858-8744(T) 02)838-0653(F)
노원점	서울시 노원구 동일로 1366 삼봉빌딩 지하 1층 02)938-7979(T) 02)3391-6169(F)
분당점	경기도 성남시 분당구 황새울로 315 대현빌딩 3층 031)707-5566(T) 031)707-4999(F)
일산점	경기도 고양시 일산서구 중앙로 1391 레이크타운 지하 1층 031)916-8787(T) 031)916-8788(F)
의정부점	경기도 의정부시 청사로47번길 12 성산타워 3층 031)845-0600(T) 031) 852-6930(F)
인터넷서점	www.lifebook.co.kr